BAN ET ARRIÈRE-BAN

DU

BAILLIAGE DE BRESSE

EN 1693 ET 1694

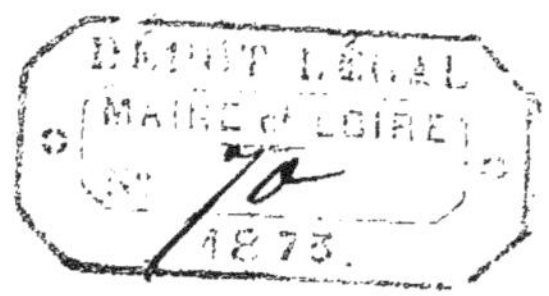

DOCUMENTS INÉDITS

PUBLIÉS ET ANNOTÉS PAR

René de SAINT-MAURIS,

Archiviste-paléographe, ancien élève de l'École des Chartes.

PARIS

J. B. DUMOULIN, Libraire de la Société des Antiquaires
DE FRANCE,

13 — Quai des Grands-Augustins, — 13

1873

BAN ET ARRIÈRE-BAN

DU BAILLIAGE DE BRESSE

EN 1693 ET 1694.

Nous avons déjà fait connaître l'*Etat de la noblesse de Bresse en 1697* dans les numéros de novembre et décembre 1866, février et mai 1867 de la *Revue nobiliaire*. Le document que nous publions aujourd'hui se rapporte à peu près aux mêmes années. Il ajoute peu à la première nomenclature de noms que nous avons donnée. Son principal intérêt provient des renseignements qu'il fournit sur la situation de la noblesse à cette époque. Si les gentilshommes de province jouissaient alors de priviléges, ce n'était pas en général de celui de s'enrichir au service de leur pays. Les excuses alléguées par un certain nombre d'entre eux pour obtenir des dispenses sont la partie la plus curieuse de ces procès-verbaux. Ils sont tirés des archives du dernier syndic de la noblesse de Bresse, M. Garron de la Bévière. Leur authenticité ne peut faire l'ombre d'un doute. Nous n'avons joint au texte que quelques notes, notamment pour faire connaître les blasons qui n'ont pas été donnés dans l'*Etat de la noblesse de Bresse en 1697* auquel nous sommes obligés de renvoyer. Nous avons vainement cherché quelle destination avaient reçu le ban et l'arrière-ban de 1693 et 1694. Les seules indications que nous avons trouvées se rapportent à l'année 1696. C'est un ordre du roi, du 29 avril, qui envoye à Luçon soixante-treize gentilshommes de l'arrière-ban de Bourgogne et de Bresse, et un autre ordre, du 28 août, de les renvoyer chez eux parce que leur présence est inutile.

EXTRAICT BREVETÉ *du registre contenant les procès verbaux de la commission du ban et arrière-ban riesre le baillage de Bresse en exécution des lettres patentes de sa majesté, du premier avril mil-six-cent-quatre-vingt-treize et les offres faites par quelques gentilshommes de service en personne ou par d'autres en leurs places, les excuses alléguées par d'autres pour ne point servir, ensemble la nomination des gentilshommes qui ont servy dans l'arrière-ban en ladicte année et la taxe faicte sur les gentilshommes inhabiles à faire le service, leurs veuves et enfants et autres personnes possédant fief sujet au ban et arrière-ban.*

Pierre *de Chástillon* de Jalamonde a offert de fournir un gentilhomme pour servir en sa place à l'arrière-ban, ses affaires ne lui permettant pas de marcher en personne. — Accepté le gentilhomme offert par ledit sieur de Jalamonde par les raisons contenues en son comparant qui nous sont connues.

Antoine *Aymon de Montespin* d'Estré s'est excusé sur ce qu'il a servy deux fois dans l'arrière-ban notamment l'année dernière. — Exempt pour les raisons contenues en son comparant.

· François *Aymon de Montespin,* par procureur a offert de fournir un gentilhomme, ses infirmités connues ne lui permettant pas de servir en personne. — Accepté.

Charles Ruffin *de Brioud Lyatoud* s'est excusé sur sa pauvreté, ayant servi à l'arrière-ban les années précédentes pour ceux qui luy en ont fourny les moyens. — Exempt attendu sa pauvreté.

Dame Anne *Jacquinot* veuve de Charles Chrestien *du Costal,* par procureur a dit que ledit feu du Costal fit faire le service à l'arrière-ban l'année dernière, outre qu'elle a un fils du premier lit actuellement au service dont elle a certiffié. — Vu le certificat, exempte.

Claude Louys *de Brioud* de Montricher s'excuse sur ce qu'il ne jouit que de très peu de biens du chef de sa femme quoyque héritière du sieur du Costal, sa mère, en qualité de veuve en dernières nopces dudit du Costal, estant usufructuaire en toute son hoyrie. — Servira le dit de Brioud, héritier du sieur du Costal, en luy fournissant par la dame sa mère, usufructuaire dudict du Costal, taxée à deux cents livres.

Louys *Chapuis* de Margniollaz, par procureur s'est excusé sur la charge de chevalier d'honneur au présidial de Lyon. — Veu l'édit, exempt.

Barthelemy *Guetton,* comte de Chasteauvieux, par procureur s'est excusé sur ce qu'il est vétéran en la charge de président trésorier de France en la généralité de Lyon. — Veu, exempt par la raison cy-devant déduite.

Anthoine *Gagne*[1], par procureur s'est excusé sur sa qualité de conseiller au parlement de Dijon. — Exempt.

---

[1] Seigneur de Perrigny, Hornoy, Pommyer et Saint-Marin du Mont, fils d'Antoine Bernard Gagne, président à mortier au parlement de Dijon.

Louys *de Montolivet*, baron de Gourdans, par procureur a dit qu'il fait le service dans l'arrière-ban de Lyonnois où il réside. — Justiffiera de son service en Lyonnois, incessamment comme aux années précédentes.

Porte : d'argent à un olivier portant son fruit de sinople.

Georges *de Loriol* de Boissière, par procureur a offert de fournir un gentilhomme si sa santé ne luy permet pas de servir en personne. — Servira par lui s'il peut, si non par un gentilhomme.

Alexandre *de Donjon* de Vaux, par procureur a dit qu'il réside en Lyonnois où il fait le service de l'arrière-ban. — Justiffiera de son service en Lyonnois après signiffication par ce jour, à peyne d'estre pourveu suivant la rigueur des reglements.

Gabriel *de Talaru* de Chalmazel, par procureur s'est excusé sur son service actuel en qualité de lieutenant-colonel de régiment de Picardie et de brigadier des armées du Roy. — Exempt par le service notoire.

Porte : parti d'or et d'azur à la cotice de gueules brochant sur le tout.

Henry *de La Poype*, comte de Serrières, par procureur s'est excusé sur son service actuel en qualité de capitaine des carabiniers du régiment de Chartres. — Exempt par le service notoire.

Nicolas *de Guat*, par procureur s'est excusé sur le service actuel de quatre de ses fils dont il certiffie. — Veu le certifficat exempt.

Porte : d'azur à une fasce d'or accompagnée en chef d'un lion passant de même et en pointe de trois molettes d'éperon 2 et 1.

Jean Joseph *de Digoyne* du Bourg par procureur a offert de fournir un gentilhomme si sa santé ne lui permet pas de servir en personne. — Servira s'il est en estat, à faute de ce fournira un gentilhomme suivant ses offres.

Les enfants de Louys Marc *des Crues* [1] de Sainte-Croix, par procureur se sont excusés sur ce que ledict sieur de Sainte-Croix est décédé despuis peu de jour, que l'aisné est actuellement au service et le cadet fort jeune. — Servira le sieur de Sainte-Croix cadet en luy fournissant par son curateur la somme de six cents livres.

Joseph *Anfrie d'Hunières* s'est excusé sur ce qu'il a tousiour contribué du mieux qu'il a pu pour le service de l'arrière-ban, mesme fit un dernier effort pour servir l'année dernière ayant très-peu de

[1] Christophe et Maurice.

biens. — Exempt par le service qu'il a rendu l'année dernière au-delà son pouvoir.

Maurice *Frère* de Chamburcy dit qu'il a un fils actuellement au service en qualité de lieutenant dans le régiment de Greder allemand. — Exempt par le service de son fils et de toute taxe.

Ferdinand *de Druais* de Dananches a dit qu'il a fait faire le service deux fois despuis que l'arrière-ban est convoqué notamment l'année dernière et qu'il a des affaires considérables sur les bras. — Exempt par les raisons contenues en son comparant.

Ledit de Dananches, qualité de tuteur des enfants du sieur de Franclieu, son frère[1], a dit que tous leurs fiefs sont saisis réellement et qu'il ne jouit de rien, tous leurs biens estant en discussion. — Sera taxé.

Louys *du Puget* de Buellaz a dit qu'il est de notoriété qu'il est très pauvre, que nonobstant cela il servit l'année dernière par le moyen du secours qui luy fut fourny. — Exempt par le service de l'année dernière et attendu son extrême pauvreté.

Joseph *d'Escrivieux* de Chemilliat a dit qu'il a un fils actuellement au service en qualité de lieutenant dont il a certiffié par certifficat du mois d'avril de l'année dernière, n'ayant encore pû avoir un certifficat pour la présente année. — Justiffiera incessamment d'un certifficat pour la présente année comme il a justiffié de la précédente.

Claude *d'Ecrivieux* de Genost a dit qu'il a un fils actuellement au service dont il a certiffié comme le précédent. — Exempt par le service de son fils.

Jean Baptiste *de Besserel* a dit que sa santé et sa fortune sont également mauvaises, que cependant il a contribué toutes les années du mieux qu'il a pu pour faire faire le service. — Exempt par ses infirmités et par ses contributions notamment de l'année dernière.

Jean *Cattin* de Genoud s'est excusé sur ses incommodités connues, et a dict qu'il a contribué les deux dernières années pour faire faire le service dans l'arrière-ban pour raison de la portion qu'il a dans le fief de Genoud. — Sera taxé.

Guillaume *du Puget* de Grilliet du Vernay a dit qu'il a servy les deux dernières années en personne dans l'arrière-ban. — Exempt par son service des deux dernières années.

Michel *de la Teyssonière* a dit qu'il a servy deux fois en personne

---

[1] Claude Marie de Druays.

dans l'arrière-ban, notamment l'année dernière.—Exempt attendu son service de l'année dernière.

Jean *du Puget* du Chaney a dit qu'il a fait faire le service deux fois la première par son fils et l'année dernière par un gentilhomme. — Exempt attendu le service de l'année dernière.

Charles François *de la Teyssonière* a dit qu'entre luy et son frère avec lequel il a esté de communion, ils ont servy quatre fois en personne alternativement et que ce seroit pour la cinquième fois qu'il serviroit s'il estoit commandé la présente année. — Servira.

Albert *de Chastillion* a dit que quoyqu'il ne soit pas riche, il a fait faire le service deux fois notamment l'année dernière. — Exempt attendu son service de l'année dernière.

Adrien *Ruffin de Lozier*, par procureur a dit qu'il a servy deux fois dans l'arrière-ban, notamment l'année dernière, qu'il est très-obéré et d'une mauvaise santé.—Exempt par ses infirmités, son peu de bien et les services cy-devant rendus et notamment l'année dernière.

Joseph *de Pelapussin*, par procureur a dit qu'il servoit l'année dernière sans aucun ayde quoyqu'il n'ayt que très-peu de biens, estant actuellement malade. — Exempt.

François *Dandelin* s'est excusé sur son âge de plus que sexagénaire, ne possédant aucun bien dans la province.— Exempt.

Marc *de Malivert* de Vaulgrigneuse, par procureur a dit qu'il estoit prest à marcher à l'arrière-ban la présente année.— Servira.

Elisée *de La Roche* du Villards, par procureur a dit qu'il a servy deux fois en personne dans l'arrière-ban et qu'il est prest de marcher celle-cy s'il est commandé. — Servira.

Louys *de Loras* Dupré s'est excusé sur le service actuel de son fils en qualité de capitaine dans le régiment de Picardie. — Exempt par le service de son fils qui est notoire.

Porte : de gueules à la bande losangée d'or et d'azur.

Pierre *de Macet* de Sausey, par procureur s'est excusé par la même raison que le précédent. — Exempt par le service de son fils.

Laurent *de Cardon* de Sandrans, par procureur a dit qu'il réside en Lyonnois où il fait le service.—Justiffiera de son service en Lyonnois incessamment à faute de quoy sera pourveu suivant la rigueur du réglement.

Claude *de Damas* du Rosset, par procureur a dit qu'il réside en Forest où il fait le service. Justiffiera comme le précédent.

Porte : d'or à la croix ancrée de gueules.

Joseph *de Seyssel* de La Serra, par procureur a dit qu'il réside en Savoye où il est prest de faire le service si la noblesse de cette province est commandée.— Sera taxé.

Porte : Gironné d'or et d'azur de huit pièces.

Jean *de Saint-Priest* de Fetans, par procureur a dit qu'il est prest à marcher à l'arrière-ban la présente année s'il est commandé. — Servira et soit signiffié.

Ennemond Louys *de Tocquet* de Meximieux a dit que ne pouvant servir en personne à cause de son peu de santé il offre un gentilhomme pour servir en sa place.— Accepté son offre.

Jean *de Seyvert* de Lavernée, par procureur a dit qu'il a servy les deux dernières années en personne.—Exempt attendu le service des deux dernières années.

François *Regnaud* de Mespilliat a dit qu'il a servy deux fois notamment l'année dernière. — Exempt attendu le service de deux années.

Alexandre Louys *de Perrachon* de Varax, par procureur a dit qu'il a servy les années précédentes en Lyonnois et que l'année dernière il fit servir en ce bailliage.— Sursis.

Pierre *du Serre* a dit qu'il a servy l'année dernière à ses frais quoyque très-pauvre.— Exempt attendu sa pauvreté.

Jacques *de Morel* de Corlaison s'est excusé sur ce qu'il a servy deux fois notamment l'année dernière. — Exempt par le service de deux années.

Jean Baptiste *Du Marché* a dit qu'il a servy une fois dans l'arrière-ban et qu'il ne peut servir celle-cy sans estre aydé n'ayant que peu de biens. — Servira et soit signiffié pour avoir à se tenir prest au premier ordre.

Jean Joseph *de Jacob de la Cottière* a offert de servir en personne si sa santé le luy permet ou de fournir un gentilhomme. — Servira suivant son offre.

Philippes *de Jacob*, par procureur a dit qu'il a servy deux fois en personne notamment l'année dernière.—Exempt attendu son service de l'année dernière.

Claude Gaspard *Duport* de Montplaisant s'est excusé sur la charge de conseiller en l'eslection de Bresse et sa commission d'inspecteur des haras de Bresse et Bugey. — Exempt.

Claude *Mareschal* du Tremblay par procureur, s'est excusé sur le service actuel de son fils en qualité d'enseigne colonelle du régiment de Sourches. — Exempt par le service de son fils, cependant justiffiera du service pour la présente année dans le mois.

Pierre Charles *de Marettes*, par procureur, a dit qu'il a servy deux fois, notamment l'année dernière. — Exempt attendu son service de l'année dernière.

Charles *de Besserel* de Malatraict, par procureur, a rapporté la mesme excuse que le précédent. — Exempt par son service des deux dernières années.

Louys de *Villette* s'est excusé sur son extrême pauvreté connue. —Exempt attendu sa pauvreté.

Pierre *de Montjouvent* du Chasney a dit qu'il a faict faire son service les deux dernières années, sa santé ny son grand âge ne luy permettant pas de le faire en personne. — Exempt par le service des deux dernières années.

Claude Scipion *Duport* s'est excusé sur ce qu'il faict proffession de robbe estant du nombre des advocats plaidants et consultants en ce bailliage, outre qu'il est secrétaire de la noblesse de Bresse. — Exempt.

Joseph Antoine, Charles François et Jean Baptiste *Tardy* frères, par procureur, ont dit que ledit Joseph Antoine faict proffession de robbe estant advocat, que ledit Jean Baptiste estudie pour l'être, et ledit Charles François est actuellement au service en qualité de lieutenant au régiment de Thouy, outre qu'ils sont communs en biens. — Sursis.

Antoine *de Bolozon* du Ponthet s'est excusé sur sa mauvaise santé, ayant servy deux fois notamment l'année dernière. —Exempt par son service de deux années.

François *de Bolozon* de Frontigny a allegué les mesmes excuses. — Exempt par la même raison et sa tres mauvaise santé.

Louis *de Gieres* [1] de la Motte a dit qu'il a un fils actuellement au service en qualité d'enseigne colonelle du régiment de Thouy. — — Exempt par le service de son fils.

Claude Aymé *Mareschal* de La Vaure par son fils s'est excusé sur ses infirmités, son grand âge et son peu de biens. — Exempt attendu son âge, sa maladie et sa pauvreté.

Philibert *Charbonier* de La Tour a dit qu'il a trois fils actuellement au service ainsy qu'il est notoire. — Exempt par le service notoire de ses fils.

____

[1] De Lucinge.

François Melchior *de Joly de Choin*, par le sieur son frère abbé, a dit qu'il est actuellement au service en qualité de maior du régiment d'infanterie de Condé et gouverneur de la ville de Bourg. — Veu ce, exempt.

Jean Pierre *de Seyturier* de Lyonnières a dit qu'il a un fils actuellement au service en qualité de lieutenant des carabiniers du régiment d'Orléans.— Exempt par le service notoire de son fils.

François *de Dizimieux* a dit qu'il est prest de marcher à l'arriere-ban, en personne ou par un gentilhomme. — Accepté.

Jean Joseph *de Seyturier* de Lyonnières a dit qu'il est sous la puissance paternelle ne jouissant de rien. — Sursis.

Estienne *Bachet* de Mezeriat s'est excusé sur sa charge de premier président au présidial de Bourg. — Exempt de service personnel, cependant sera taxé suivant l'usage et nonobstant les jugements prétendus rendus incompétamment par les officiers présidiaux et attentatoirement à l'ordonnance de monseigneur l'intendant. Cependant sera sursis à l'exécution de la dite taxe jusqu'à ce qu'il soit ordonné par mondit seigneur l'intendant.

Claude François *de Louverot* de Vannaux, par procureur a dit qu'il réside actuellement dans le comté de Bourgogne.—Sera taxé.

Porte : d'or à deux loups de gueules passant l'un sur l'autre.

René de *Menthon* de la Gellière, par procureur a dit qu'il réside actuellement en Savoye; il est dispensé de service dans ce bailliage. — Sera taxé.

Porte : de gueules au lion d'argent à la bande d'azur brochant sur le tout. *Cimier* : un lion d'argent. *Supports* : deux lions de même.

Jean *de Bachet* a dit qu'ayant toujours esté retenu auprès de monsieur le marquis d'Antremont, lieutenant du roy en Bresse, comme gentilhomme pour l'exécution de ses ordres et devant l'aller joindre au premier ordre qu'il en recevra, il est exempt du service personnel dans l'arrière-ban. — Sursis.

François *de Garnier des Garets* comte de Bereins, par procureur s'est excusé sur le service actuel de son fils en qualité de lieutenant dans le régiment de Bissy. — Exempt par le service de son fils qui est notoire.

Pierre *des Hugonnières*, par procureur s'est excusé sur sa charge de lieutenant criminel au bailliage et siége présidial de Bresse. — Exempt de service personnel.

Pierre *des Creues* de Chiloup, par procureur a dit qu'il est prest de marcher à l'arrière-ban s'il est commandé. — Accepté.

Claude *de Seyturier* de Pelagey, par procureur s'est excusé sur ses indispositions connues. — Sera taxé.

Jean François *Loubat* de Buhens, par procureur a dit qu'il est actuellement au service en qualité de lieutenant dans la compagnie colonelle du régiment de Béarn, n'ayant eu congé que jusques à la fin du mois de juin, pour vaquer à ses affaires. — Justifiera avant le 15ᵉ du présent mois du congé par luy allégué, à faute de quoy se tiendra prest pour marcher au 15 et soit signiffié.

Christophle *de Riccé* de Cornaton par procureur a dit qu'il a un fils actuellement au service ainsy qu'il est notoire.— Exempt par le service notoire de son fils.

Philibert Joseph *de Besserel* de Malaval a dit qu'il a servy les deux dernières années. — Exempt par le service des deux dernières années.

Charles *de Saillans* de Bresnaud a dit qu'il a désjà servy deux fois dans l'arrière-ban et que par son peu de bien, il n'est pas en estat de servir la présente année.— Sursis.

Jean Jacques *du Tour Vulliard,* par procureur s'est excusé sur sa charge de conseiller au parlement des Dombes.— Exempt de service personnel et de la taxe par sa charge.

Claude *Pellot,* par procureur a dit qu'il fait sa résidence actuelle à Saint-Amour, au comté de Bourgogne, dont il a certiffié, ne possédant aucun fief en Bresse.— Justiffiera par certifficat des conseils de la ville de Saint-Amour en comté comme il réside au dict Saint-Amour et ce dans trois jours à faute de quoy fera son service en personne ou par un gentilhomme. Despuis a rapporté un certifficat.

Porte : de sable à la tierce d'or.

Louis *des Belouzes* de Grandchamp a dit qu'il a déjà servy deux fois notamment l'année dernière. — Exempt par ses services.

Philibert Gabriel *Bertod* a dit qu'il est engagé dans le service en qualité de chevau-léger de la garde, devant partir au premier jour pour joindre sa compagnie. — Exempt par son service.

Ferreol *de Vaulgrigneuse,* par son fils s'est excusé sur le service d'un de ses fils et de son peu de biens. — Exempt par le service de son fils et sa pauvreté.

Albert *Favre* du Poyet, par procureur a dit qu'il a servy deux fois en personne, notamment l'année dernière. — Exempt par son service de deux années.

Gilbert *de Champier* de Feillens, par procureur s'est excusé sur sa charge de gouverneur pour le roy de la ville de Chastillon les Dombes. — Exempt.

Guilleaume *de Gerbais* de Mussel, par procureur s'est excusé sur son service actuel en qualité de capitaine au régiment de cavalerie de Saint-Maurix. — Exempt par son service actuel.

Estienne de Lysandre *de Monspey* de Mons par procureur s'est excusé sur son extrême pauvreté connue. — Exempt par sa pauvreté.

Porte : d'argent à deux chevrons de sable au chef d'azur. *Cimier* : un lévrier d'argent. *Supports* : deux lévriers de même. *Devise* : J'en rejoindrai les pièces.

Claude *Garron* de Chasteney, par procureur s'est excusé sur sa charge de président au parlement de Dombes et de conseiller en celuy de Dijon. — Exempt par sa charge d'officier de cour supérieure.

Le sieur marquis *de Saint-Maurice*[1] domicilié en Savoye par procureur s'est excusé sur son service actuel en qualité de colonel d'un régiment d'infanterie. — Exempt par son service actuel.

Claude *de Blancheville* baron d'Hery, par procureur a dit qu'il fait sa résidence actuelle en Savoye, et qu'il a un fils actuellement au service en qualité de capitaine au régiment de Thouy. — Exempt par le service de son fils dont il justiffiera dans trois mois.

Pierre *de Viallet* de la Tournelle, par procureur a dit qu'il est notoire qu'il a deux fils actuellement au service. — Exempt par le service de ses fils.

Maurice *de La Tapie* de Richède s'est excusé sur sa charge de lieutenant au gouvernement de la ville de Bourg. — Exempt.

Claude *de Chevrières de Saint-Maurix* par procureur a dit qu'il réside en Masconnois et qu'il servit en personne l'année dernière dans l'arrière-ban de la province. — Exempt.

Porte : d'argent à trois chevrons de gueules à la bordure engrelée d'azur.

Pierre *Berbis* de Bevier, par procureur s'est excusé sur sa charge de conseiller au parlement de Dijon. — Exempt.

Porte : d'azur à un chevron d'or accompagné en pointe d'une brebis d'argent paissant.

Claude *de la Coste* de Chandée, par procureur s'est excusé sur la mesme raison. — Exempt.

---

[1] N. Chabot de l'Echerence, marquis de Saint-Maurice : de gueules à trois fleurs de lis d'argent, 2 et 1, au chef d'argent chargé d'un lion naissant de sable.

Ennemond *de Vachon* de Bellegarde, par procureur a dit qu'il a un fils actuellement au service en qualité de lieutenant au régiment de Thouy. — Exempt par le service de son fils dont il certiffiera.

Porte : de sable à une vache d'or.

François *Gallien* de la Chaux par procureur s'est excusé comme le précédent. — Exempt par le service de son fils dont il certiffiera.

François *de Belly* de la Vaise par procureur s'est excusé sur sa mauvaise santé et le grand embarras de ses affaires. — Servira en personne si sa santé le luy permet, sinon fournira un gentilhomme.

Porte : d'azur à un paon d'or rouant. *Cimier :* un paon d'or. *Supports :* deux lions d'or. *Devise :* Nec interest unquam.

Jean François *de la Poype* de Vertrieux, par procurenr a offert de servir en personne si sa santé le luy permet ou de fournir un gentilhomme. — Accepté.

Victor *de Pelapussin*, par procureur a dit qu'il est actuellement malade et qu'il fait sa résidence à Saint-Amour au comté de Bourgogne. — Exempt par les raisons contenues en son comparant.

Jean *Chossat* du Sougey, par son fils s'est excusé sur sa charge de secrétaire du roy, maison et couronne de France, outre qu'il a un fils actuellement au service dans la compagnie des gendarmes de la garde du roy. — Veu ce, exempt.

Philippe *Chapuis* de Corgenon s'est excusé sur sa charge de chevalier d'honneur au présidial de Bourg. —Veu l'édit, exempt.

Dame Claudine *Dubois* veuve de Claude *de Pelapussin*, par procureur a dit qu'elle ne possède aucun fief ny autres biens en Bresse, outre qu'elle a un fils actuellement au service. —Exempte de toutes taxes par le service de son fils dont elle a certiffié.

Dame Marianne *Dupuis* veuve de Christophle *de Seyturier*, par procureur a dit qu'elle a un fils actuellement au service dont elle a certiffié. — Exempte de taxe par le service de son fils.

Dame Angélique *Chevallier* veuve de messire Victor Amédée *de Cremeaux d'Entragues*, comte de Saint-Trivier, etc., par procureur s'est excusée, sur sa qualité de veuve d'un lieutenant du roy de la province de Masconnois. — Exempte.

Porte : de gueules à trois croix treflées au pied fiché d'or, au chef d'argent chargé d'une onde d'azur.

Dame Marie-Magdeleine *Dinet Daguères*, veuve de noble Jean Claude *Charbonnier* de Crangeac, par procureur s'est excusée sur le service actuel de deux de ses fils. — Exempte par le service de ses fils qui est notoire.

Dinet porte : de gueules à cinq quintefeuilles ou roses d'or, mises en sautoir, accompagnées de quatre branches de croix ancrées de même.

Dame Heleyne *Grisy* veuve d'Estienne *Favre*, par procureur a dit qu'elle a un fils actuellement au service en qualité d'enseigne de vaisseau. — Exempte par le service de son fils.

M⁰ Joseph *Grisy,* conseiller secrétaire des finances de son altesse monseigneur le duc du Maine souverain de Dombes, s'est excusé sur sa charge de secrétaire. — Exempt de taxes.

Dame Urbaine *de Roddes* veuve de Jean *de Bachet,* par son fils aisné a remonstré qu'elle a trois de ses fils actuellement au service. — Exempte par le service de ses fils.

1 De Rodes porte : parti d'argent et de sable à treize étoiles mises en pal l'un en l'autre, accostées de huit autres de l'une et de l'autre.

Dame Véronique *de Moyriat* veuve de Bérard des Bordes, par pro- -cureur a dit qu'elle a contribué toutes les années pour faire faire le service, son fils n'estant pas encor en estat de servir. — Sera taxée.

De Moyria : porte d'or à la bande d'azur accompagnée de six billettes en orle. *Cimier:* une licorne d'argent. *Supports :* deux griffons d'or. *Devise :* Invia virtuti, nulla est via.

De Bordes porte : de sinople à une molette à huit pointes d'or, au chef d'or à une tête de cheval naissante de gueules les deux pattes paraissant. *Cimier :* un cheval de gueules. *Devise :* Gratus honor labore.

La dame marquise *de Maulvrier* ¹, par procureur s'est excusée sur le service actuel de son fils ² dont elle a certiffié. — Exempte par le service de son fils.

Dame Marie *de Luysandre,* veuve de messire Jean *de Camus* comte d'Arginy, par procureur s'est excusée sur sa qualité de veuve du bailly de Masconnois et que leur fils est pourveu de la mesme charge. — Exempte.

Camus porte : d'azur à trois croissants montants d'or 2 et 1 et à une étoile d'or en cœur.

Dame Anne *de Guillot* de la Bertrandière, veuve de Gaspard *de Viallet* de Martignat, par procureur s'est excusée sur le service actuel de son fils en qualité d'enseigne de la compagnie colonelle du régiment de Chartres. — Exempte par le service de son fils dont elle certiffiera. Despuis a rapporté certifficat en forme.

1 Françoise de la Veuhe, veuve de François Andrault de Langeron.
2 Jean-Baptiste-Louis, qui devint maréchal de France en 1745.

Louys *des Marest* de Glareins, par procureur s'est excusé sur sa charge de hérault d'arme du roy au tiltre de Normandie. — Veu le privilège exempt comme commensal de la maison du roy.

Charles-Estienne *Michel* du Villars, par procureur s'est excusé sur sa charge de grand prévost de Bresse. Exempt.

Porte : d'azur à trois coquilles d'or 2 et 1.

ROLLES des taxes faictes sur les gentilhommes, leurs veuves et enfants inhabiles à faire le service dans l'arrière-ban et sur les fiefs par eux possédés tant comparants que deffaillants, suivant la valeur de leurs fiefs et autres non nobles.

Premièrement. Le sieur Bachet, président au présidial de Bourg, pour son fief de Meysériat et Besserel. — Surcis à l'exécution des taxes des sieurs officiers présidiaux jusqu'à ce qu'il ayt plu à monseigneur l'intendant de décider sur leur prétention d'en estre exempt et d'en connoistre.   40 liv.

Le sieur Chanoy, président audit présidial, pour les fiefs de Rivoire et Rignat. — Pour le tiers conformément à la requête à nous présentée le 22 octobre 1691. Les autres deux tiers concernant les sieurs de Pivrel et Chanoy gentilhomme et capitaine, beau-frère et frère au service.   25

Le sieur des Hugonnières, lieutenant-criminel, pour le fief de Torterel.   25

Le sieur Vulliard conseiller, pour son fief de Chaveyriat.   10

Le sieur conseiller Brossard, pour son fief de Montaney.   10

Le sieur Tardy de la Belliere, pour ses fiefs de Montsimon et de Nieudey.   10

Le sieur Duport, advocat. — Exempt.

Le sieur de Montplaisant. — Exempt.

Le sieur Marinon, lieutenant particulier civil, pour la rente de Bouvent.   2

Joseph Antoine et Jean Baptiste Tardy frères, fourniront chacun 50 livres au gentilhomme qui sera désigné.   100

Le sieur de la Baume, comte de Saint-Amour, pour les fiefs de Perex et Montfalconnet.   300

La Baulme porte d'or à la bande d'azur. *Cimier* : un cygne d'argent. *Supports* : deux griffons d'or.

Le fief de Verjon. — Réservé pour fournir un gentilhomme.

Le sieur de Vaugelas, pour la rente appelée de Vaugelas. 10

Favre de Vaugelas porte : d'argent au chevron d'azur accompagné de trois têtes de Maures tortillées d'argent deux en chef et l'autre en pointe. *Devise :* Fermeté.

La dame de Bely, veuve du sieur de Molan, pour le fief de la Botte. 25

Le sieur de Besserel cadet, pour aider un gentilhomme. 20

Le sieur de Ricou, pour les rentes de Riverie et de la Plattière. 40

Le sieur Cattin de Dijon, pour la part le concernant du fief de Genoud pour ayder un gentilhomme. 30

La dame de Belly des Echelles, veuve du sieur de Cachod. 30

Les fiefs de Beost, Franclieu et Maisonnaz. — Réservé pour fournir un gentilhomme.

La dame de Chastellet, pour le fief de Chastellet pour ayder un gentilhomme. 30

La dame Favre du Colombier, pour le fief du Colombier. 50

Demoiselle Louyse Margueritte de Pauroy pour la rente de Couberthoud. 3

Le sieur LeVieux, conseiller pour la moytié de la seigneurie de Pirajoux et la rente du Tremblay-Montrichard.
22 l. 13 s. 4 d.

Dame Sarra Suchet, veuve du sieur de Montespin, pour la rente Martin. 8

Le sieur de Veyle, pour les rentes de la Sale et de Baugé. 100

Le sieur Dupuis, prêtre, pour la rente de Cornaloup. 1

Le sieur Billion pour la rente de Ferment et de Fourvières. 15

Les héritiers de M. Claude Carbon et M. Charles Gallet, procureur, pour leur part de la rente riesre la Richonnière. 1

Le sieur Boisson, pour le fief du Noyer. 50

Le fief des Blanchères. 15

La veuve de M. Denys Rosset, advocat pour la rente appellée de Bevy, Sivray et Montrichard. 7

La veuve du sieur Berthod, pour le fief de Chastaux. 16

Le sieur Goyffon, pour le fief de Tholongeon. 7

Le sieur des Gland, advocat, pour le fief de Ceyssiat. 30

Le sieur Ravet de Cuisiat, pour une rente audit lieu. 10

La veuve de M. François Guillot, advocat, pour les fiefs d'Eschasaux et de Turgon. 15

La veuve du sieur Daumais, advocat, pour le fief de Serra. 25

Sieur Melchior Dupuis de Foissiat pour la rente de Mont-gibert. 1

M. Louys de la Bastie, pour la rente de Bolomy. — Exempt.

La terre et baronnie de Meillionnaz. 300

Le fief de la Jaclière, appartenant à la dame de Champ-trenard. 45

Le fief de Monspey. 30

Le sieur Masson, pour sa part du fief de Chavaux. 2

La seigneurie de Lordre, appartenant au sieur Marinon prêtre. 30

Les fiefs possédés par le sieur de Vannaux. 63

La dame de Grillet de la Sardière, pour ayder un gentil-homme. 30

La dame de Montuerant, pour la seigneurie d'Huysiat. 10

Le sieur Charbonnier de Crangeac, lieutenant-général au présidial, ne jouit que de sa charge, estant de notoriété que sa mère jouit des biens de sa famille par la disposition testamentaire de fut son père, qui a deux fils au service despuis dix-huit ans, qui est le sieur de Longes, lieutenant-colonel du régiment d'infanterie de Chartres, et le sieur Charbonnier qui sert despuis cinq ans, et despuis trois capitaine au régiment de Poictiers, estant d'ailleurs de l'usage général de tout le royaume que les lieutenans généraux sont exempts de toutes taxes sur leurs fiefs et de service personnel, que son père et son grand'père qui ont vescu lieutenants-généraux audict présidial l'ont esté en 1635, 1639, 1674 et 1675, compris ny taxé comme estant pourveu de ladite charge quoyque gentilhomme. (Signé Charbonnier.)

Le sieur de Pelarz pour ayder un gentilhomme. 50

ESTAT ET ROLLE des gentilhommes et gens vivant noblement faisant proffession d'armes du ressort du bailliage de Bresse, nommés pour servir dans l'arrière-ban la présente année mil six cent quatre-vingt-treize.

Le sieur de Vertrieux,
Le sieur de Jalamond,

Le sieur de Montespin de Bagé.

Le sieur de Brioud, cadet.

Le sieur de Boissière.

Le sieur de Digoyne du Bourg.

Le sieur de la Teyssonnière, l'aisné.

Le sieur de Malivert de Vaulgrigneuse.

Le sieur de la Roche du Villars.

Le sieur de Saint-Priest de Fertans.

Le sieur de Meximieux.

Le sieur de Varax.

Le sieur du Marché.

Le sieur de la Cottière de Painessuit.

Le sieur de Dizimieux.

Le sieur de Chiloup de Tancey.

Le sieur de Molan.

Les fiefs de Franclieu, Beost et Maisonnaz fourniront un gentilhomme.

Le fief de Verjon fournira un gentilhomme.

Le sieur de Bresnaud de Saillans.

Le sieur Loubat de Buhens.

Le sieur de la Vaise.

Le sieur de Montiernoz.

Le sieur Boisson du Noyer, vivant noblement.

Le sieur de Veyle de la Sale, vivant noblement.

ESTAT DE LA PROCÉDURE FAICTE AU SUJET DE LA CONVOCATION DU BAN
ET ARRIÈRE-BAN DU BAILLIAGE DE BRESSE EN L'ANNÉE 1694

(DU 30 AVRIL.)

EXTRAICT *du registre contenant les procès-verbaux de la convocation du ban et arrière-ban riesre le bailliage de Bresse, en exécntion des lettres patentes de sa majesté dattées à Versailles le sixiesme avril mil six cent quattre-vingt-quatorze et les offres faictes par quelques gentilshommes de service en personne ou par d'autres en leurs places, les excuses alléguées par d'autres pour ne point servir, ensemble la nomination des gentilhommes qui ont servy dans l'arrière-ban en ladite année n'ayant ésté faict aucunes taxes sur les inhabiles ny sur les fiefs possédés par les roturiers.*

Charles *de Besserel* de Malatraict a dit que quoyqu'il ayt beaucoup de zèle pour le service du Roy, il n'est pas en estat de se mettre en équipage n'ayant ny chevaux ny argent, outre qu'il est taxé pour les charges de l'arrière-ban de la somme de trois cent trente livres. — Nous avons ordonné que ledit sieur de Malatraict servira.

Jean-Baptiste *de Besserel* s'est excusé sur son peu de fortune et de santé et a dit qu'il a contribué toutes les années pour faire faire le service, et qu'il a esté taxé pour les dictes charges à la somme de cent dix livres. — Servira d'ayde médiocre à un gentilhomme.

Antoine *Aymon de Montespin*, domicilié à Estré, a dit qu'il a servy les années précédentes estant aydé, n'ayant pas de quoy le faire de son chef, qu'il est prest de marcher si on luy ayde et qu'il a aussy esté taxé pour lesdictes charges. — Servira de sa personne pour le sieur de Granchamp, sur quoy il contribuera en quelque chose.

Maurice *de la Tapie* s'est excusé sur sa charge de lieutenant au gouvernement de la ville de Bourg. — Exempt de service personnel et de toute contribution comme lieutenant au gouvernement de la ville de Bourg.

Claude Scipion *Duport* a dict qu'il faict proffession de robbe, estant advocat plaidant et consultant actuellement au siége présidial de Bourg et bailliage de Bresse outre qu'il est secrétaire de la noblesse. — Exempt comme secrétaire de la noblesse de Bresse et faisant proffession de robbe.

Claude Gaspard *Duport* de Montplaisant, par ledict sieur Duport, son frère, s'est excusé sur ce qu'il est advocat plaidant et postulant auxdicts siéges et qu'il est chargé par sa majesté de la commission d'inspecteur des haras de Bresse et Bugey. — Exempt comme commissaire et inspecteur des haras de Bresse et faisant proffession de robbe.

Alexandre Louys *Perrachon* de Varax, par procureur s'est excusé sur sa charge de gouverneur pour le roy de la ville de Beaune. — Exempt pour avoir faict faire le service deux années consécutives et comme gonverneur en la ville de Beaune dont il justifiera dans deux mois.

Louys *des Belouzes* de Grandchamp s'est excusé sur son âge de plus de soixante-trois ans et ses infirmités connues, que néantmoins par le zèle qu'il a pour le service du Roy il contribuera volontiers pour le faire faire s'il en est ainsy ordonné. — Exempt de service personnel, cependant fera faire le service par le sieur de Montespin comme dit est.

Claude *d'Escrivieux* de Genost s'est excusé sur le service actuel de son fils dans le régiment du Perche dont il a certiffié. — Exempt pour le service de son fils dont il a justiffié.

Pierre *des Crues* de Chiloup a dict qu'il a marché trois fois à l'arrière-ban, notamment l'année dernière. — Exempt pour la présente année.

Joseph *de Seyvert* de Lavernée a dict que quoyqu'il ayt beaucoup de zèle pour le service du roy, il n'estoit pas en estat de marcher la présente année à cause des taxes faictes sur luy pour raison des charges de l'arrière-ban réunies au corps de la noblesse et sur sa maison de la présente ville et autres biens aux environs. — Servira.

Philibert Joseph *de Besserel* a dit que nonobstant toutes les affaires qu'il a sur les bras, il fera son possible pour se mettre en estat de marcher à l'arrière-ban. — Servira.

Jean Baptiste *du Marché* s'est excusé sur son service de l'année dernière dans l'arrière-ban. — Exempt pour son service de l'année dernière.

Jacques *du Tour* de Saint-Nizier s'est excusé sur sa charge de conseiller au parlement de Dombes, par procureur. — Exempt comme officier de cour supérieur suivant l'usage.

Charles Ruffin *de Brioud Lyatout* s'est excusé sur sa pauvreté connue, estant prest de marcher si on luy en fournit les moyens comme aux années précédentes. — Exempt attendu son extrême pauvreté.

Pierre *du Serre* de la Villette s'est excusé par la mesme raison et a faict les mesmes offres. — Exempt pour la mesme raison.

Claude Louys *de Brioud* de Montricher a dit qu'il servait l'année dernière comme héritier du sieur du Costal, quoyqu'il ne jouisse pas de la succession, nonobstant cela il a esté taxé excessivement pour les charges de l'arrière-ban. — Exempt la présente année par son service de la précédente.

Estienne *Bachet* de Meyzeriat s'est excusé sur sa charge de premier président au présidial de Bourg. — Exempt du service personnel.

Joseph Ignace *Tardy* s'est aussy excusé sur sa charge de conseiller audit présidial. — Exempt du service personnel.

Barthélemy *de Molan* a dict qu'il a servy trois fois dans l'arrière-ban, notamment l'année dernière. — Exempt pour la présente année attendu son service de l'année dernière.

Louys *du Puget*, résidant à Buellaz s'est excusé sur sa pauvreté connue. — Exempt du service personnel, cependant aydera un gentilhomme de vingt francs, tant seulement, attendu sa pauvreté.

Jean *du Puget* de Chasney s'est excusé sur son âge de plus de soixante-trois ans, et qu'il a esté taxé pour les charges de l'arrière-ban. — Exempt du service personnel attendu son âge, cependant fera faire le service.

Michel *de la Teyssonnière* a dit que quoyqu'il ayt beaucoup de zèle pour le service du Roy, il n'est pas en estat de se mettre en esquipage. — Servira.

Charles François *de la Teyssonnière*, par le dict Michel son frère, dit qu'il a servy trois fois dans l'arrière-ban, notamment l'année dernière. — Exempt attendu son service de l'année dernière.

Ferdinand *de Druays* de Danenches s'est excusé sur sa mauvaise santé et la tutelle des enfants de Claude Marie de Druais, son frère, dont il est chargé. — Fera faire le service.

François Marie *Aymon de Montespin* par procureur a dit qu'il fit faire le service l'année dernière, sa santé ne luy ayant pas permis de le faire en personne — Exempt attendu qu'il a faict faire le service l'année dernière.

Georges *de Loriol* de Boissières par procureur a dit qu'il a déjà servy trois fois dans l'arrière-ban notament l'année dernière. — Exempt attendu son service de l'année dernière.

Pierre *de Jalamonde*, par procureur a dit qu'il est actuellement atteint de la goutte, qu'il ne possède aucun fief ny autres biens riesre le baillage. — Exempt pour la même raison.

Angélique *de Bertier*, veuve de Georges de *Jalamonde*, par procureur a dit qu'elle a contribué plusieurs fois les années précédentes pour faire faire le service. — Sera taxée.

Bertier porte : d'azur à une aigle d'or élevé sur deux rinceaux d'olive d'argent. *Devise :* Ex labore fructus.

Joseph Anthoine et Jean Baptiste *Tardy* frères, par procureur ont dit que ledit Anthoine fait proffession de lettres, et que ledit Jean Baptiste est entré la présente année aux mousquetaires noirs. — Ayderont un gentilhomme.

François *Dandelin*, par procureur s'est excusé sur son grand âge et sa pauvreté connue. — Exempt attendu son âge et son peu de biens.

Anne *Jacquinot* d'Hollecomte, veuve et usufructuaire de Charles Chrestien *du Costal*, par procureur a dit qu'en ladite qualité d'usufructuaire, elle fit faire le service l'année dernière dans l'arrièreban, outre qu'elle a un fils actuellement au service en qualité de sous-lieutenant dans le régiment de Greders. — Exempte par le service de son fils et celuy qu'elle a fait faire par sa famille.

Joseph *d'Escrivieux* de Chemilliat par procureur s'est excusé sur le service actuel de son fils en qualité d'enseigne colonelle dans le régiment de la Farre. — Exempt pour le service de son fils dont il a certiffié.

Ferdinand *de Druais* de Dananches, qualifié de tuteur aux enfants de feus Claude-Marie Druais de Franclieu et Anne Bouchaud mariés, a dit que quoyque les biens des dicts héritiers soient en discussion, ses mineurs fournirent un gentilhomme l'année dernière pour raison des fiefs qui en dépendent. — Exempt pour le service fait l'année dernière pour les dicts biens.

Jean François *Loubat* de Buhens s'est excusé sur ce qu'il fit faire le service l'année dernière dans l'arrière-ban. — Exempt attendu le service qu'il fit faire l'année dernière.

La dame veuve du sieur de Montjouvent[1], par procureur a dit que tant elle que le dict sieur de Montjouvent ont fait faire le service dans l'arrière-ban deux années consécutives, outre qu'elle a été taxée considérablement pour la charge de l'arrière-ban. — Exempte de faire faire le service de cette année attendu la mort ressante de son mary et l'estat des dictes affaires.

Louys de *Montolivet*, par procureur a dit qu'il réside à Lyon où il fait faire le service. — Exempt, attendu sa résidence dans la ville de Lyon et son service dans le ban du Lyonnais.

Louys de *Cremeaux d'Antragues*, comte de Saint-Trivier, par procureur s'est excusé sur son bas âge d'environ quinze années et sa charge de gouverneur pour le roy en la ville de Mascon. — Exempt attendu son bas âge et la charge de lieutenant du roy de Masconnois.

Louys de *Garnier des Garest*, comte de Bereins, par procureur s'est excusé sur le service actuel de son fils en qualité de cornette

____
[1] Hilaire de Sainte-Colombe.

dans le régiment de cavalerie de Bissy. — Exempt pour le service notoire de son fils.

Guilleaume *du Puget* du Vernay a dit qu'il n'est pas en estat de servir la présente année par son peu de revenu, qu'il ne l'auroit pu faire les années précédentes, s'il n'avoit esté aydé, ayant en oustre esté taxé pour la charge de l'arrière-ban. — Servira estant aydé.

Jean Joseph *de Jacob de la Cottière* de Painessuit a dit qu'il a desjà servy trois fois dans l'arrière-ban, notamment l'année dernière. — Exempt attendu son service de l'année dernière.

Barthelemy *Guetton*, comte de Chasteauvieux, par procureur s'est excusé sur sa charge d'ancien Trésorier en la généralité de Lyon. — Exempt pour ses tiltres dont il a justiffié.

Joseph *Anfrié d'Hunières*, par procureur s'est excusé sur sa charge de commissaire aux reuvües pour la ville de Saint–Jullien. — Exempt par son tiltre dont il a justiffié.

Ennemond *de Vachon* de Bellegarde, par procureur a dit qu'il réside en Dauphiné où il fait le service de l'arrière-ban. — Exempt attendu sa résidence en Dauphiné et le service qu'il y rend.

Jacques *de Morel* de Corlaison s'est excusé sur son peu de biens et sur ses debtes causées pour les services qu'il a rendus dans l'arrière-ban les années précédentes. — Servyra avec un ayde.

Claude *Mareschal* du Tremblay s'est excusé sur le service actuel de son fils dans le régiment de Sourches dont il a justiffié. — Exempt pour le service de son fils dont il a justiffié.

Helène *Grisy* veuve d'Etienne *Favre*, par procureur a dit qu'elle a un fils actuellement au service en qualité d'enseigne des vaisseaux. — Exempte attendu le service notoire de son fils dont elle a cy–devant justiffié

Le seigneur marquis de l'*Hospital*[1] en qualité de mary de dame Charlotte Marie *de Romilly de la Chenellay,* heritière présomptive du seigneur *marquis d'Antremont*, par procureur s'est excusé sur les priviléges accordés aux Bourgeois de Paris où il fait sa résidence. — Fera faire le service pour le fief de Montellier.

François de *Dizimieux* a dict qn'il a desjà marché trois fois de-

---

[1] Guillaume-François de l'Hopital, chevalier marquis de Saint-Mesme, gouverneur des ville et château de Dourdans, époux de dame Marie Charlotte de Romilly de la Chenelaye, héritière de son oncle maternel Elie Louis d'Entremont comte d'Entre·mont et de Montbel, marquis de Saint-Maurice et de Montellier, lieutenant-général pour le roi en Bresse et Bugey.

puis que l'arrière-ban est commandé, notamment l'année dernière.
— Exempt pour la présente année.

Maurice *Frère* de Chamburcy, par procureur a dit que l'un de ses fils fut tué l'année dernière à la bataille de Norvinde et qu'il a actuellement un fils dans le régiment de Poictiers. — Exempt et justifiera suivant ses offres.

Férréol *de Vaulgrinieuse* de Turgon, par son fils s'est excusé sur sa pauvreté connue et le service d'un de ses fils. — Exempt attendu sa pauvreté connue et le service de son fils.

Anne Marie de *Saint Aubin*, veuve de François Marie de *Maigret*, par procureur a dit qu'elle réside actuellement dans le comté de Bourgogne, outre qu'elle a un fils actuellement au service en qualité de sous-lieutenant dans le régiment de Bourgogne. —Exempte par sa résidence et le service de son fils.

Maigret porte : de gueules à une fasce d'or accompagnée de trois coquilles de même 2 et 1.

Angélique de *Bertier*, veuve de Jean d'*Ivoley*, par procureur a dit qu'elle réside en Savoye et que comme veuve d'un officier de cour supérieure elle est exempte de faire faire le service dans l'arrière-ban. — Exempte comme veuve d'officier de cour supérieure.

D'Ivoley porte : d'azur à trois fers de lance 2 et 1.

Pierre *des Hugonieres* s'est excusé sur sa charge de lieutenant criminel au présidial de Bourg. — Exempt.

Pierre *de Chastillon* de Jalamonde a dit qu'il a servy trois fois dans l'arrière-ban notamment l'année dernière. — Exempt attendu son service de l'année dernière.

Pierre Charles *de Marettes*, par procureur s'est excusé sur sa mauvaise santé et ses affaires qui ne luy permettent pas de servir en personne, néantmoins offre de fournir un gentilhomme s'il est commandé. — Servira.

Anthoinette *Pascal* veüve de François *de Bolozon* de Fronsigny, par procureur s'est excusée sur son peu de biens et ses grandes debtes. — Exempt par sa pauvreté.

Adrien *Ruffin de Lozier* s'est excusé sur sa mauvaise santé et son peu de biens, néantmoins a offert de faire faire le service s'il est commandé. —Fera faire le service attendu sa mauvaise santé, estant aydé.

Philibert *Charbonier* de la Tour s'est excusé sur le service actuel de ses trois fils. — Exempt par le service de ses fils.

Camille *des Creus* de Taney, par procureur a dit qu'il estoit prest de faire faire le service, sa santé ou ses affaires ne luy permettant pas de marcher en personne. — Servira suivant ses offres.

La dame marquise *de Maulevrier*, par procureur s'est excusée sur le service actuel de plusieurs de ses fils qui est notoire. — Exempte pour le service notoire de ses fils dont elle a justiffié cy-devant.

La dame veuve[1] du sieur de *La Coste*, par procureur s'est excusée sur sa qualité de veuve d'un officier de cour supérieure. — Exempte comme veuve d'un officier de cour supérieure.

Marc *de Malyvert* de Vaulgrignieuse, par procureur a dict qu'il a servy trois fois dans l'arrière-ban notammeut l'année dernière, outre qu'il ne réside plus dans la province. — Exempt attendu son service de l'année dernière.

Jean *de Bachet* s'est excusé sur sa maladie actuelle et le mauvais estat de ses affaires, outre qu'il a esté taxé pour la nouvelle charge de l'arrière-ban. — Fera faire le service attendu sa maladie.

François *Regnaud* de Mespillat a dit qu'il a fait son possible pour se mettre en esquipage, n'ayant presque rien tiré de ses biens, que cependant il tâchera d'estre prest pour marcher s'il est commandé. — Servira.

Véronique de *Moyria*, veuve de Berard des Dordes du Chastellet, par procureur a dit qu'elle a contribué toutes les années pour faire faire le service et que, nonobstant cela, elle a esté taxée à cent livres pour les charges de l'arrière-ban. — Exempte pour avoir fourni un gentilhomme l'année dernière.

Louys *Chapuis* de Margniollaz, par procureur s'est excusé sur sa charge de chevalier d'honneur au présidial et seneschaussée de Lyon. — Exempt comme chevalier d'honneur au présidial de Lyon.

Albert *de Chastillion* de Leal a dit que quoyqu'il ne soit pas des mieux accommodés des biens de fortune, cependant il a servy deux fois dans l'arrière-ban. — Servira estant aydé.

Joseph *de Pelapussin*, résidant à Granlva, par procureur s'est excusé sur sa mauvaise santé et sur son peu de biens, outre qu'il a desjà servy deux fois dans l'arrière-ban. — Servira.

Victor *de Pelapussin*, par procureur s'est excusé sur sa pauvreté connue. — Exempt attendu sa pauvreté.

Claudine *Dubois* veuve de Claude Pierre *de Pelapussin*, résidant

---

[1] Claude-Huguette de Chaumelier. Porte : d'azur à cinq bandes d'or accolées d'or, un chef de gueules chargé de flammes d'or.

à Merage, par procureur a dit qu'elle a un fils actuellement au service, capitaine dans le régiment de Feuquières, dont elle a certiffié. — Exempte pour le service de son fils dont elle a justiffié.

Pierre *de Viallet* de la Tournelle s'est excusé sur le service actuel de deux de ses fils. — Exempt attendu le service de ses fils.

Anne *de Guillot* de la Bertrandière, veuve de Gaspard de *Viallet* de Martignat, par procureur a dit qu'elle a un fils actuellement au service en qualité d'enseigne colonelle dans le régiment de Chartres. — Exempte par le service de son fils.

Jean Joseph de *Seyturier* de Lyonnières s'est excusé sur ce qu'il est fils de famille, que son père ne luy a presque rien relasché, et qu'en qualité de sindicq de la noblesse il est obligé de rester en province pour travailler au recouvrement des droicts de francfief. — Exempt attendu qu'il est éleu de la noblesse de Bresse et qu'en cette qualité il est obligé de travailler au recouvrement du francfief et franc alleu conformément à la rattification du traicté fait par les sieurs esleus de Bourgogne.

Jean Pierre *de Seyturier* de Lyonnière par procureur s'est excusé sur le service actuel d'un de ses fils en qualité de lieutenant des carabiniers du régiment d'Orléans. — Exempt.

Jean *de Franc* de Grenaud a dit qu'il n'a pas encore son domicile fixé dans cette province quoyqu'il y posséde le fief de la Sale. — Servira.

Nicolas *de Guat* par procureur s'est excusé sur le service de trois de ses fils ainsy qu'il est notoire. — Exempt pour le service de ses fils.

Antoine *de Bolozon* du Ponthet, par procureur s'est excusé sur sa charge de commissaire aux revües de la ville de Pont-de-Vaux. — Exempt par son titre dont il a justiffié.

Claude *de Seyturier* de Lyonnières, par procureur s'est excusé sur ses infirmités connues, outre qu'il a contribué toutes les années pour faire marcher un gentilhomme. — Exempt par ses infirmités. Cependant aydera un gentilhomme.

Le sieur[1] comte de *Chalmaset* de la Pye, par procureur s'est excusé sur son service actuel de lieutenant-colonel du régiment de Picardie et de brigadier des armées du roy. — Exempt comme brigadier des armées du roy.

---

[1] De Talaru.

Henry *de La Poype*, comte de Serrières, par procureur s'est excusé sur son service actuel en qualité de capitaine ds cavalerie dans le régiment d'Orléans. — Exempt attendu son service.

La dame *de Beyviers*, veuve de François de *Luiny* de Malmont, par procureur a dit qu'elle a deux fils actuellement au service. — Exempte attendu le service de ses fils.

Le sieur *de Feillens* de Montiernoz par procureur a dit qu'il fit faire le service l'année dernière et qu'il n'est pas en estat de marcher celle-cy. — Exempt attendu le service qu'il rendit l'année dernière.

Marianne *Dupuis* veuve de Christophle de *Seyturier* de Ferrières, par procureur a dit qu'elle a un fils au service dans le régiment de la couronne. — Exempte attendu le service de son fils.

Jean Joseph *de Digoine* du Bourg par procureur a dit qu'il a servy trois fois, notamment l'année dernière. — Exempt attendu son service de l'année dernière.

Gilbert *de Champier*, par procureur s'est excusé sur sa charge de gouverneur pour le roy de la ville et chasteau de Chastillion-les-Dombes. — Exempt attendu le gouvernement dont il est pourvu.

Laurent *de Cardon* de Sandrans, par procureur a dit qu'il réside ordinairement à Lyon où il fait le service de l'arrière-ban, outre lequel a un fils au service dans le régiment Lyonnois. — Exempt du service personnel riesre ce baillage, attendu sa résidence à Lyon et cependant sera taxé pour son fief de Sandrans et dépendances attendu qu'il nous est revenu que son fils n'est pas en estat de servir par sa jeunesse nonobstant son certifficat.

Claude *de Damas* du Rosset, par procureur a dit qu'il faict sa résidence en Forest où il est nommé pour servir la présente année dans l'arrière-ban. — Exempt attendu son service personnel la présente année en Forest.

Louys *de Loras du Pré*, par procureur s'est excusé sur le service de deux de ses fils. — Exempt par le service de ses fils.

Louys *des Marets* de Glareins, par procureur s'est excusé sur sa charge de hérault d'arme du Roy au tiltre de Normandie. — Exempt par sa qualité de hérault d'arme.

Jean *de Cattin* de Genoud, par procureur s'est excusé sur ses infirmités connues, qu'il a contribué l'année dernière pour faire faire le service, que mesme il est taxé à trois cent trente livres pour les nouvelles charges de l'arrière-ban. — Exempt attendu ses infirmités. Cependant aydera un gentilhomme.

Louys *de Lucinge* de Gières Lamotte, par procureur s'est excusé sur le service actuel de son fils en qualité d'enseigne colonelle du régiment de Thouy dont il a certiffié. — Exempt attendu le service notoire de son fils.

Charles *de Saillans* de Bresnaud a dit qu'il a servy trois fois dans l'arrière-ban, notamment l'année dernière en qualité de cornette de l'escadron de Bresse, nonobstant ce qu'il a esté taxé pour les charges de l'arrière-ban. — Exempt attendu qu'il servait l'année dernière.

François Joseph *de La Poype*, comte de Vertrieux, par procureur a dit qu'il fit faire le service dans l'arrière-ban de ce bailliage l'année dernière et qu'à présent il faict sa résidence en Lyonnois. — Exempt attendu son service de l'année dernière.

Louys *de Villette* s'est excusé sur son extrême pauvreté connue, ne possédant aucune sorte de biens. — Exempt par sa grande pauvreté.

Le sieur comte de *Maillac*[1] baron de Pomier, par procureur a dit qu'il réside en Bugey où il fait le service de l'arrière-ban. — Exempt du service personnel, riesre ce baillage, attendu sa résidence au Bugey où il fait le service.

Estienne *de Monspey* de Mons, par procureur a dit qu'il réside à Lyon, qu'il ne possède presque aucuns biens et qu'il travaille actuellement à faire l'equipage de son fils qui entre au service en qualité de lieutenant dans le régiment de Royal-Comtois. — Exempt attendu sa pauvreté.

Philippes *Chapuis* de Corgenon, par procureur s'est excusé sur sa charge de chevalier d'honneur au présidial de Bourg. — Exempt par sa charge.

Isabelle Françoise *de Harville*[2], par procureur s'est excusée sur les priviléges accordés aux bourgeois de Paris ayant justiffié de ses lettres de bourgeoisie. — Exempte attendu qu'elle est bourgeoise de Paris dont elle a justiffié.

Marguerite *Guichard*, veuve de Jean *Chossat*, par procureur s'est excusée sur sa qualité de veuve d'un secrétaire du roy, maison et couronne de France, outre qu'elle a un fils actuellement au service,

---

[1] De Moyria.

[2] Dame de Luysandre, près de Perronnas en Bresse, épouse de Gaspard Eléonor Palatiu de Dio, chevalier-marquis de Montperroux, mestre de camp de la cavalerie légère de France. De Dio porte : fascé d'or et d'azur de six pièces : la bordure de gueules.

gendarme de la garde du roy. — Exempte par sa qualité et le service de son fils.

François Melchior *de Joly*, baron de Choin, par procureur s'est excusé sur sa charge de gouverneur pour le roi de la ville de Bourg et son service actuel en qualité de major du régiment d'infanterie de Condé. — Exempt.

Marie-Magdeleine *Dinet* d'Agueres veuve de Jean-Claude *Charbonier* de Crangeac, par procureur s'est excusée sur sa qualité de veuve de lieutenant général, outre qu'elle a un fils actuellement au service en qualité de capitaine au régiment de Poïctiers. — Exempte pour sa qualité et le service actuel de son fils.

ESTAT ET ROLLE des Gentilshommes du Ressort du Bailliage de Bresse nommés pour servir dans l'arrière-ban, la présente année mil six cent quatre-vingt quatorze .

> Le sieur Morel de Corlaison,
> Le sieur de Sainte-Croix,
> Le sieur de Lozier,
> Le sieur de Mespillat,
> Le sieur de Malatraict,
> Le sieur du Puget de Chasney,
> Le sieur de Malaval.
> Le sieur de Granchamp,
> Le sieur de la Teyssonnière cadet,
> Le sieur de la Vernée,
> Le sieur Leal et le sieur de Pelapussin de Grandval fourniront un gentilhomme,
> Le sieur Bachet l'aisné,
> Le sieur de Marettes,
> Le sieur de La Salle de Grenaud à Manziat,
> Les fiefs de Meillonnaz et le Blancheres par le sieur Regnaud de Blanchères,
> Les fiefs de Perex et de Montfalconnet appartenant au sieur de Saint-Amour par le sieur Corton,
> Le sieur de Turgon l'aisné,
> Le sieur du Serre,
> Les fiefs de Pontdevaux par le sieur de Vaulgrigneuse de Turgon, pour trois cent cinquante livres,

Le sieur de Dananches,

Le sieur du Vernay,

Le sieur du Puget de Buellaz servyra estant aydé par le sieur de Seyturier de Pelagey pour soixante livres, la famille du sieur advocat Tardy, cent livres, le sieur Cattin de Genoud, vingt livres, et la dame de Jalamonde pour le fief de la Fardière, pour la somme de trente livres. Le tout pour leurs qualités personnelles.

Faict et arresté à Bourg.

Angers. — Imp. P. Lachèse, Belleuvre et Dolbeau. — 1873.